AF260081

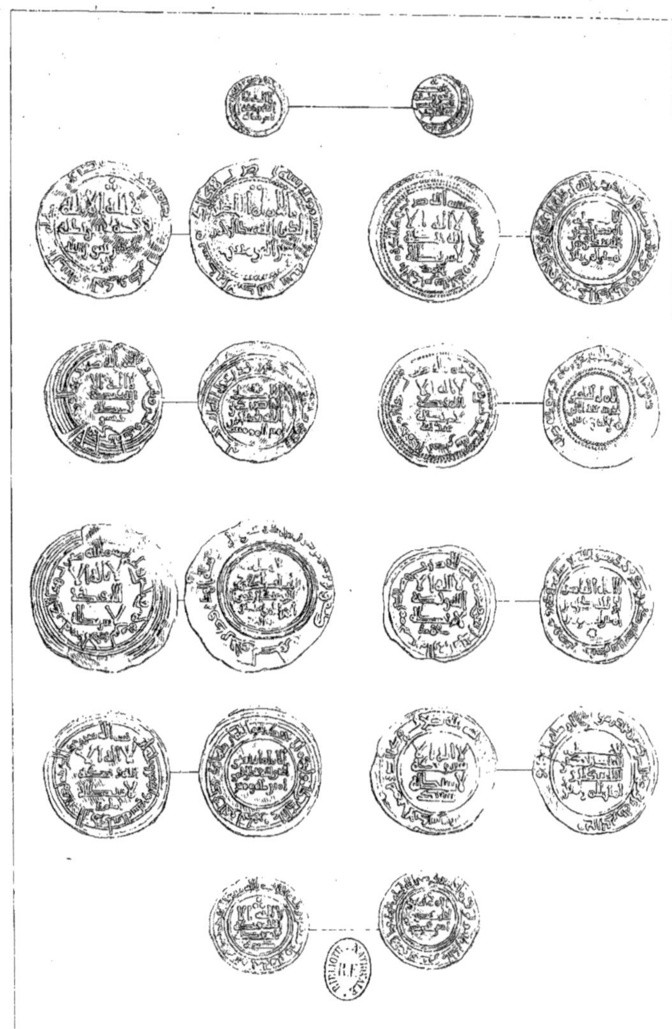

DOCUMENTS
NUMISMATIQUES

POUR SERVIR A L'HISTOIRE

DES ARABES D'ESPAGNE

(1 vol. in-4° orné de 12 pl. gravées);

PAR

ADRIEN DE LONGPÉRIER,

CONSERVATEUR DES ANTIQUES DU MUSÉE,

membre du conseil de la Société asiatique, de la Société nationale des antiquaires de France,
et de l'Institut archéologique de Rome; correspondant de l'Académie Ercolanèse,
des Académies d'archéologie de Madrid et de Belgique, de la Société des antiquaires de Londres,
des Sociétés numismatiques de Berlin, de Londres, de Saint-Pétersbourg
et de Bruxelles.

PROGRAMME.

PARIS,

A. FRANCK,

SUCCESSEUR DE MM. BROCKHAUS ET AVENARIUS,
69, RUE DE RICHELIEU.

1851.

Paris. — Typographie de Firmin Didot frères, rue Jacob, 56.

PROGRAMME

D'UN OUVRAGE INTITULÉ

DOCUMENTS NUMISMATIQUES

POUR

SERVIR A L'HISTOIRE DES ARABES D'ESPAGNE.

(Années 95 a 897 de l'hégire.)

Cet ouvrage, commencé en 1845, comprend la description de tout ce que l'auteur a pu réunir en fait de monnaies arabes frappées par les conquérants de la Péninsule. Divers orientalistes ont déjà publié un certain nombre de ces monuments; mais le sujet est loin d'être épuisé et vaut la peine d'être traité sous forme de monographie. Les collections publiques et particulières renferment un nombre considérable de monnaies inédites, et, quoique l'auteur ait reçu, à cet égard, des communications très-précieuses, il a voulu, avant de mettre son livre sous presse, faire encore un appel à l'obligeance des numismatistes, en leur demandant de vouloir bien lui adresser des empreintes et l'indication du poids des pièces inédites qu'ils peuvent posséder. Il se fera toujours un devoir de signaler le nom des personnes qui voudront bien lui communiquer des renseignements. La liste qui suit a pour but de déterminer d'une manière bien précise ce que l'auteur a déjà recueilli, et par conséquent ce qui lui manque encore. On n'y trouvera pas certaines monnaies décrites par des orientalistes, d'ailleurs très-habiles, soit parce qu'elles ont été lues d'une manière qui a autorisé une nouvelle attribution, soit parce qu'on n'a pu se contenter d'une simple description. L'étude des monnaies orientales réclame toute l'expérience des numismatistes exercés, car la connaissance des langues est tout à fait insuffisante pour opérer leur classement. La notion du style des monnaies est absolument nécessaire ; c'est le guide le plus sûr. Ainsi, jusqu'à présent, le

1.

plus ancien *dirhem* (monnaie d'argent) que l'auteur ait pu voir est la
pièce frappée en l'an 121. D'autres pièces attribuées à des années
antérieures lui ont été montrées; mais leur style prouvait, à première
vue, qu'elles avaient été lues imparfaitement, ce qu'un examen at-
tentif a toujours confirmé. C'est après une étude approfondie du
style particulier aux monnaies arabes de l'Espagne que l'auteur a
classé, il y a six ans déjà, la série appartenant à la Bibliothèque
nationale. Il est arrivé, par exemple, à reconnaître que certaines
monnaies qui semblaient être en contradiction avec l'histoire, sont
au contraire entièrement d'accord avec la chronologie reçue, puisque,
tout en portant le type d'un prince mort depuis longtemps (quelque-
fois depuis plus d'un demi-siècle), elles montrent aussi le nom du
prince qui les a fait fabriquer et auquel seul s'applique la date de la
monnaie. Tels sont, par exemple, les dirhems frappés à Saragosse,
à Séville, à Dénia, à Valence, avec le nom du khalife Héscham II;
le beau dinar chrétien, frappé sous le roi de Castille Henri Ier, avec
le nom de son père Alphonse.

Les empreintes des monnaies appartenant aux années 92 à 150,
ainsi que de toutes les pièces frappées pendant les cinquième, hui-
tième et neuvième siècles de l'hégire, alors même qu'elles seraient
déjà indiquées dans le catalogue très-succinct donné ici, seraient
reçues avec la plus vive reconnaissance. L'ouvrage, qui embrasse
huit siècles, contiendra, outre la description complète des monnaies,
la traduction de leurs légendes et l'indication des poids, des notes
historiques sur les khalifes, les rois, les oualis, les émirs, les hadjebs
dont les noms figurent sur ces monnaies. Une portion de ces noms seu-
lement a été indiquée dans la table ci-jointe. Cependant cette table suffit
pour faire connaître la plupart des attributions nouvelles ou des monuments inédits que contient l'ouvrage; et l'auteur confie cette partie
de son travail à la bonne foi du public érudit, espérant que l'on
voudra bien lui laisser le temps de publier le résultat de ses recher-
ches et suspendre tout jugement jusqu'à ce qu'il ait pu exposer ses
preuves.

OUALIS DE OUALID BEN ABDELMALEK. 92-96.

Années de
l'hégire.

95. — Petits dinars d'or à légendes toutes latines, portant au centre

Années de
l'hégire.

la marque de la XIe indiction : ɪɴᴅᴄ x̄ɪ̄, et autour : sʟᴅ ꜰᴇʀɪᴛ
ɪɴ sᴘᴀɴᴀ ɴɴ xᴄɪ ɴɴ.

ᴏᴜᴀʟɪs ᴅᴇ sᴏʟᴇ́ɪᴍᴀɴ. 96-99.

98. — Petit dinar d'or *bilingue* frappé à Cordoue. Au revers :
l'inscription latine : ꜰᴇʀɪᴛᴏs sᴏʟɪ ɪɴ sᴘᴀɴᴀ ɴ, autour d'une
étoile. Fabrique épaisse semblable à celle des dinars de
l'émir africain Mousa ben Nocéir. (*Thomsen, à Copen-
hague.*)

98. — Autre, avec la légende ꜰᴇʀɪᴛᴏs sᴏʟɪ ɪɴ sᴘᴀɴᴀ.ɴ.xᴄ. (*Alexandre
de Saint-Laumer.*)

98. — Autre, avec ꜰᴇʀɪᴛᴏs sᴏʟɪ ɪɴ sᴘᴀɴᴀ ɴ ᴠᴄ.

98. — Fels arabe portant une étoile au revers.

99. — Tiers de dinar sans nom de ville.

ᴏᴜᴀʟɪs ᴅ'ʏᴇ́ᴢɪᴅ. 101-105.

102. — Demi-dinar purement arabe. Cordoue.

 » — Tiers de dinar   *id.*   Cordoue. (*F. de Saulcy.*)

103. — Tiers de dinar sans nom de ville.

ᴏᴜᴀʟɪs ᴅᴇ ʜᴇ́sᴄʜᴀᴍ. 105-125.

108. — Fels. Cordoue.

121. — Dirhem frappé à Cordoue. (*Desmaisons, à St.-Pétersbourg.*)
C'est la monnaie d'*argent* la plus ancienne que l'auteur ait
jusqu'à présent vue parmi les pièces arabes frappées en
Espagne.

L'auteur n'a pu se procurer les empreintes des dirhems des
années 100, 104, 105, 107, 108, 110, 118, 124, 125,
publiés par divers orientalistes, ni celle du dirhem
de 137, frappé par un ouali de Mançour.

ᴀʙᴅᴇʀʀᴀʜᴍᴀɴ. 138-171.

150. — Dirhem de Cordoue................ (*Saulcy.*)
Autres des années 153, 154, 155, 157, 159, 160, 161,
164, 165, 166, 168, 169, 170.

Divers écrivains ont indiqué des dirhems pour les années
151, 156, 162, 167.

HÉSCHAM I. 171-180.

Années de
l'hégire.

172. — Dirhem de Cordoue.
Autres des années 173, 174, 176, 177.

EL HAKEM I. 180-206.

182. — Dirhem de Cordoue.
Autres de 186, 191, 192, 193, 195, 196, 197, 198, 199, 200, 202, 203, 204, 205, 206.
Les monnaies frappées dans les années 180, 181, 183, 184, 185, 187, 188, 189, 190, 194, 201, n'ont point encore été vues en nature par l'auteur, qui recommande particulièrement aux numismatistes de porter leur attention sur les mots accessoires placés entre les lignes horizontales de la formule religieuse.

ABDERRAHMAN II. 206-238.

210-211. — Dirhems de Cordoue............ (*Fréd. Soret.*)
212. — Dirhem de Cordoue.
Autres des années 213, 214, 216, 217, 218, 219, 220, 221, 222, 223, 224, 225, 226, 227, 228, 229, 230, 231, 232, 233, 234, 235, 236, 237.
L'auteur n'a pas vu encore les dirhems des années 207 à 209, 215.
Recommandation particulière au sujet des mots accessoires placés au centre ou au bas des formules religieuses.

MOHAMMED. 238-273.

238. — Dirhem de Cordoue.
Autres des années 239, 240, 241, 242, 243, 244, 245, 246, 247, 249, 250.
251. — Dirhem frappé à Cordoue............ (*Fréd. Soret.*)
263. — Dirhem de très-grand module, frappé à Cordoue.
270. — Autre de très-grand module.
Les dirhems des années 252 à 262, 264 à 269, et 271 à 273 manquent.

EL MONDHIR. **273-276.**

Années de
l'hégire.

L'auteur n'a pas encore retrouvé de monnaies appartenant à ce règne.

ABDALLAH. **276-300.**

282. — Dirhem de Cordoue ; grand module ; les caractères des légendes horizontales sont terminés par des fleurons.

282. — Fels frappé à Cordoue.

285. — Dirhem de module ordinaire.

Les monnaies des années 276 à 281, 283, 284, 286 à 300 manquent à l'auteur.

ABDERRAHMAN III. **300-350.**

316. — Dirhem de grand module, frappé dans l'*hôtel des monnaies de Cordoue.*

318. — Petit dinar d'or frappé à................ (*Norblin.*)

321. — Dirhem de Cordoue avec le nom de Mohammed.

331. — Dirhem de Cordoue avec le nom de Casem... (*Legras.*)
Autres de 332, 333, 334.

335. — Grand dirhem de Cordoue avec le nom de Héscham.

336. — Dirhem de Cordoue avec le nom d'Abdallah.

339. — Dirhem de Zehra avec le nom de Mohammed.

340. — Dinar de Zehra avec le nom de Mohammed.

341. — Dirhem de Zehra. Autres de 342, 343, 344, 345, 346.

347. — Dirhem de Zehra avec le nom d'Ahmed.

348. — Dinar de Zehra. Autre de 349.

349. — Dirhem de Zehra avec le nom de Saïd... (*Fréd. Soret.*)

3.4. — Dirhem de Cordoue avec le nom de Saïd.

EL HAKEM II. **350-366.**

350. — Dirhem de Zehra avec le nom de Yahia... (*Saulcy.*)

351. — Dirhem de Zehra avec le nom d'Abderrahman. (*Norblin.*)
Autres de 352, 353, 354.

356. — Dirhem de Zehra avec le nom de Schoaïd... (*Saulcy.*)

357. — Dirhem de Zehra avec le nom de Amer.
Autre de 358.

2.

359. — Dinar de Zehra avec le nom de Amer et du hadjeb Djafar.

360, — Dinar de Zehra avec le nom de Amer. — Dirhem de 362.

363. — Dinar de Zehra et dirhem de la même année.

HÉSCHAM II. 366-399 : 400-403.

366. — Dirhem de Cordoue avec le nom de Amer.
     Autres des années 367, 370, 377, 380, 381, 382, 383,
     384.

386. — Dirhem de Cordoue........ (*F. de Pfaffenhoffen.*)

387. — Dirhem de Cordoue avec le nom de Mofarredj. (*Chabouillé-*
                                        Maisonneuve.)

388. — Dirhem de Cordoue.

388. — Dirhem de Fez avec le nom de Zaïri.

389. — Dirhem de Cordoue avec le nom de Mohammed.

389. — Dirhem de Fez avec le nom de Ouadha.

390. — Dinar de Cordoue avec les noms Mohammed et Amer. —
     Dirhem de la même année.

391. — Dinars de Cordoue avec différents noms de hadjebs. —
     Dirhems de la même année.

392. — Dinar de Cordoue avec le nom de Amer.

392. — Dirhems de Cordoue.

392. — Dirhem de Fez avec le nom de Amer.

393. — Dirhem de Fez avec le nom de el Moaz. (*Pablo Bosch.*)

393. — Dinar de Cordoue avec le nom de Abdelmalek. — Dirhems
     de la même année.

394. — Dinar de Cordoue avec le même nom. — Dirhems de la
     même année.

397. — Dirhem de Cordoue avec le nom de Schoaïd.

397. — Dirhem de Cordoue avec le nom d'Abdelmalek. (*Norblin.*)

398. — Dirhem de Cordoue avec le nom d'Abdelmalek.
     Petit dirhem avec la formule fatémite.

401. — Dirhem avec le nom de Mohammed.

401. — Dirhem avec le nom d'Abdallah.

403. — Dirhem avec le nom de Saïd Ibn Moslemah.
     Très-petit dinar avec le nom de..... (*F. de Castelbranco.*)

MOHAMMED. 399-400.

399. — Dirhem de Cordoue avec le nom de Djehouar....(*Norblin.*)

Années de
l'hégire.

400. — Dirhem de Cordoue.

SOLÉIMAN. 400-404.

400. — Dirhem de Cordoue avec le nom d'Ibn Moslemah.
400. — Dirhem de Zehra avec le nom d'Ibn Schoaïd.
404. — Dirhem de Cordoue avec le nom de l'héritier présomptif
Mohammed.

Pendant tout le cinquième siècle de l'hégire, toutes les
variétés de monnaies deviennent extrêmement intéres-
santes, et l'auteur recevra avec une vive reconnaissance les empreintes des pièces appartenant à cette
époque.

Rois de Malaga.

ALI BEN HAMMOUD.

407. — Dirhem de Ceuta.
408. — Dirhem de Ceuta, avec le nom de Yahia.
409. — Dirhem de Ceuta (formule enfermée dans un cadre).

EL CASEM.

410. — Dinar de Cordoue.
411. — Dirhem de Ceuta, avec le nom de Modjéhid.
411. — Dirhem de Cordoue, avec le nom d'Abou-Bekr.

YAHIA.

412. — Dirhem de Ceuta, avec le nom d'Édris.
414. — Dinar de Ceuta, avec le nom d'Édris.
415. — Dirhem de Ceuta.
416. — Dirhem de Cordoue, avec le nom d'Édris.

HASSAN, vers 431.

— Dirhem frappé à ......, avec le nom de Nadja el Aléoui.

(*Saulcy.*)

ÉDRIS II. 435-438.

005. — Dirhem de .....
007. — Dirhem de Cordoue, avec le nom de Mohammed.
— Dirhem de Grenade.

MOHAMMED. 440-445.

Années de
l'hégire.

440. — Dirhem de Cordoue (cuivre).
441. — Dirhem de Cordoue (bas titre), avec le nom de l'émir Yahia........................ (*Morel Fatio*.)
442. — Dirhem de Cordoue (cuivre), même nom.. (*Morel Fatio*.)
443. — Dirhem de Cordoue (cuivre), même nom.. (*Morel Fatio*.)
444. — Dirhem de Cordoue, avec le nom de El Casem.
445. — Autre, avec le même nom.

ÉDRIS III. 445-447.

445. — Dirhem de Cordoue, avec le nom de l'héritier présomptif Mohammed........................ (*Morel Fatio*.)

Rois de Saragosse.

AHMED. 438-474 (au nom d'Héscham II).

461. — Dirhem de Saragosse..................... (*Soret*.)
465. — Autre................................. (*Soret*.)
474. — Dirhem de Saragosse (cuivre).
475,?— Dirhem de Saragosse (cuivre)............. (*Legras*.)

AHMED II. 478-503.

47::. — Dirhem de Saragosse.
481. — Dirhem de Saragosse.
481. — Dirhem de Saragosse..................... (*Soret*.)
[48]9.— Dirhem de Saragosse.
498. — Dirhem de Saragosse.

Rois de Séville.

MOHAMMED EL MOHTADHED. 433-461 (au nom d'Héscham II).

438. — Dinar de Cordoue, avec le nom de Abad.
439. — Dirhem de Cordoue, avec le nom d'Ismaïl.
450. — Dinar de Cordoue, avec le nom de Mohammed.
459. — Dinar de Cordoue, avec le nom de Ed Dhaffer.

MOHAMMED EL MOHTAMED. 461-484.

462. — Dinar de Cordoue, avec le nom de Casem.

46::. — Dirhem de Cordoue, avec le même nom... (*Morel Fatio.*)

468. — Dinar de Séville, avec le nom de Adhad Eddaoulah......
(*C. Famin.*)

470. — Dirhem de Séville, avec le nom de Erreschid.

Rois de Tolède.

YAHIA. 436-469.

466. — Dirhem de Tolède......... (*Chabouillé-Maisonneuve.*)
467. — Dirhem de Cordoue.
Petit dinar irrégulier sans date et sans nom de lieu......
(*Pablo Bosch.*)

EL CADER. 469-485.

472. — Dirhem de Tolède.................. (*F. de Saulcy.*)
474. — Dirhem de Oubbedah?............... (*F. de Saulcy.*)
476. — Dirhem de Tolède.................
: : :. — Dirhem frappé à ....., avec le nom El Cader Billah, en
une seule ligne................. (*E. de Nellelblad.*)

Rois d'Alméria.

MOAZZ EDDAOULAH. 443-474.

455. — Dirhem frappé à................. (*F. de Saulcy.*)

Rois de Dénia.

ALI BEN MODJÉHID. 436-468 (au nom d'Héscham II).

437. — Dirhem de Dénia, avec le nom de Mohammed.
439. — Dirhem de Dénia, avec le nom de Moaz Eddaoulah.

ÉMAD EDDAOULAH.

475. — Dirhem de Dénia.
476. — Dirhem de Dénia.

SÉID EDDAOULAH.

483. — Dirhem de Dénia.
485. — Dirhem de Dénia, avec le nom de Ibn Mondhir........
(*Fréd. Soret.*)
488. — Dirhem de Dénia.

Années de
l'hégire.

4:::. — Dirhem frappé à Tortose.......... (*Cappe, à Berlin.*)

Rois de Valence.

ABDELAZIZ EL MANÇOUR. 412-452.

446. — Dirhem de Valence, avec le nom d'Héscham II et double
légende circulaire............... (*E. de Nellelblad.*)
447. — Dirhem de Valence, avec le nom de Ibn Aghlab. (*Fr. Soret.*)
449. — Autre......................... (*E. de Nellelblad.*)

ABD EL MALEK EL MODHAFFER. 452-457 et 470.

4 ::. — Dirhem de ....., avec le nom d'Héscham II... (*Saulcy.*)
465. — Dirhem de ....., avec le nom de Ibn Aghlab.. (*Saulcy.*)
Petit dinar irrégulier, sans date et sans nom de lieu......
(*Pablo Bosch.*)

EL MAMOUN. 457-467.

458. — Dirhem de Valence........................ (*Soret.*)
459. — Dirhem de Valence.

EL CADER BILLAH. 468-485.

47::. — Dirhem de ....., avec le nom de Ibn Aghlab.
: ::. — Dirhem de Valence, avec le même nom.

Rois Almoravides.

L'auteur ne décrit pas dans cet ouvrage les monnaies
almoravides frappées à Aghmat, à Sedjelmésah, à Fez,
à Saleh, à Télemsan ou autres villes d'Afrique.

IOUSSEF BEN TESCHFYN. 484-500.

494. — Dinar d'Alméria.
497. — Dinar de Séville.
497. — Dinar de Valence............... (*A. de Saint-Laumer.*)
497. — Dinar de Cordoue, avec le nom d'Ali.
497. — Dinar d'Alméria,   id.
497. — Dinar de Dénia,   id.
498. — Dinar de Dénia,   id.
498. — Dinar de Valence,   id.
500. — Dinar de Malaga,   id............. (*Norblin.*)
Petit dirhem sans date et sans nom de lieu.

ALI BEN IOUSSEF. 500-537.

<table>
<tr><td>Années de
l'hégire.</td><td></td></tr>
</table>

500. — Dinar de Dénia.
501. — Dinar de Grenade.................... (*Hipp. Gariel.*)
501. — Dinar de Malaga...................... (*H. Gariel.*)
501. — Dinar de Murcie...................... (*H. Gariel.*)
505. — Petit dirhem frappé à Cordoue.. .... (*Pablo Bosch.*)
505. — Dinar de Valence.
505. — Dinar de Murcie...................... (*H. Gariel.*)
506. — Dinar de Murcie.................. .... (*H. Gariel.*)
507. — Dinar d'Algésiras........... (*Ferrao de Castelbranco.*)
508. — Dinar de Grenade..................... (*H. Gariel.*)
508. — Dinar d'Alméria.
508. — Dinar d'Algésiras..................... (*H. Gariel.*)
509. — Dinar d'Algésiras................. (*Jules Renouvier.*)
512. — Dinar de Valence...................... (*H. Gariel.*)
515. — Dinar de Grenade............. (*A. de Saint-Laumer.*)
516. — Dinar de Grenade, avec le nom de Malek.
516. — Dinar d'Alméria.
516. — Dinar de Séville.
517. — Dinar d'Alméria.
    Petit dinar d'or irrégulier sans date et sans nom de lieu.
                                        (*Pablo Bosch.*)
    Dix variétés de petits dirhems sans date et sans nom de
    lieux.
517. — Dinar de Séville, avec le nom de l'héritier présomptif
    Teschfyn.
520. — Dinar d'Alméria,⎫
                        ⎬ avec le même nom.
521. — Dinar de Séville,⎭
521, 523, 524, 525, 535, 537. — Dinar d'Alméria, avec le même
    nom.
523. — Dinar d'Alméria avec le nom de l'émir Sir.
529. — Autre avec le même nom......... (*A. de Saint-Laumer.*)
533. — Autre avec le même nom.
    Très-petits dirhems sans date, avec le nom du même émir.

TESCHFYN BEN ALI.

Années de
l'hégire.

538. — Dinar d'Alméria.

539. — Dinar d'Alméria, avec le nom de l'héritier présomptif
Ibrahim.......................... *(J. Rousseau.)*
Très-petit dirhem sans date et sans nom de lieu, portant au
revers le nom seul d'Ibrahim.............. *(Saulcy.)*

ISCHAHAC BEN ALI.

Petits dirhems, dont une variété avec le nom de Cordoue.

Rois de Cordoue.

HAMDAÏN EL MANÇOUR. 539.

Petit dirhem frappé à Cordoue.
Très-petite division du dirhem, sans nom de lieu.

AHMED BEN HOUD. 539.

Petit dirhem sans nom de lieu et sans date.

ANONYMES.

545. — Grand dinar sans nom de ville et sans nom de prince avec
la devise : *La victoire vient de Dieu.*

545. — Dinar pour Baésa, Jaën et Séville. *(Ferrao de Castelbranco.)*

548. — Dinar frappé à Baésa..................... *(Ferrao.)*
Petit dirhem au type des dinars qui précèdent, sans date
et sans nom de lieu.

Rois de Murcie.

ABDALLAH IBN AÏADH.

540, 541, 542. — Dinars de Murcie................ *(Tastu.)*

MOHAMMED BEN SAÏD.

542. — Dinar frappé à Murcie.

544. — Dinar frappé à Murcie.............. *(E. de Nellelblad.)*

545. — Dinar frappé à Valence.

551, 552, 553, 554. — Dinars frappés à Murcie, avec le nom du
khalife de Baghdad El Moctefi.

558-559, 561, 562. — Dinars frappés à Murcie.

Petit dirhem sans date................ (*Dr Asselin.*)

565. — Dinar frappé à Murcie avec le nom de l'héritier présomptif
Hélal...................... (*Cap. Oppermann.*)

Très-petit dirhem sans date, portant au revers le nom seul
de Hélal............................. (*Saulcy.*)

MOHAMMED BEN HOUD. 625-635.

Dirhem sans nom de lieu et sans date.
Autre frappé à Malaga................ (*Fréd. Soret.*)

Almohades.

L'auteur signale particulièrement à l'attention des numismatistes les monnaies d'or ou d'argent au type adopté
par les Almohades, sur lesquelles on pourrait distinguer
le nom d'une ville d'Espagne inscrit au-dessous des formules religieuses. Il ne décrira d'ailleurs dans cet ouvrage
que les monnaies de ceux des princes almohades qui ont
régné en Espagne.

Rois de Grenade.

IOUSSEF I. 734 - 755.

Sans date. — Grand dinar frappé à Grenade.

MOHAMMED V. 751-761.

Sans date. — Grand dinar frappé à Grenade.

MOHAMMED VII. 799-811.

Sans date. — Grand dinar frappé à Grenade.

IOUSSEF IV, vers 850.

Grand dinar frappé à Grenade.

ALI. 870-887.

Grand dinar frappé à Grenade.
Petit dirhem carré frappé à Grenade.

880. — Fels frappé à Grenade.
881. — Fels frappé à Grenade.
887. — Fels frappé à Cadix.

MOHAMMED XI. 887-895.

<table>
<tr><td>Années de
l'hégire.</td></tr>
</table>

890. — Fels frappé à Malaga.

MOHAMMED XII. 887-897.

894. — Fels frappé à Grenade.
897. — Fels frappé à Grenade.

Quatre variétés de dirhems carrés anonymes frappés à Grenade.

Un dirhem carré frappé à Malaga sans nom de prince.

Monnaies arabes des rois chrétiens de Castille.

ALPHONSE VIII. 1158-1214.

1214. — (1176 de J. C.) Dinar frappé dans la ville de Tolède. (*Bohl.*)
1223. — Autre, ville de Tolède, avec le nom ALF.
1224. — Autre, ville de Tolède.
1226. — Autre, ville de Tolède.
1228. — Autre, ville de Tolède.
1229. — Autre, ville de Tolède.
1230. — Autre, ville de Tolède.
1231. — Dinar frappé à Tolède.
1236. — Autre, Tolède.
1237. — Autre, Tolède.
1250. — (1212 de J. C.) Autre de Tolède.

HENRI Ier (au nom d'Alphonse VIII). 1214-1217.

1255. — (1217 de J. C.) Dinar frappé à Tolède .... (*P^{ce} Gagarine; Bigant.*)
— Denier d'argent portant le nom d'Héscham en arabe et au revers une croix entourée de la légende HINRICUS.

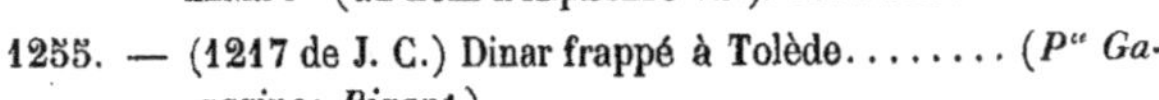